KB220232

6월이
지나가고
있다

〈우리들의 시편〉 시리즈는

예측지도, 예감치도 못한 인생의 구덩이에서 터져 나온 외마디 비명입니다.

까닭 없는 수모와 수치를 꿀떡 꿀떡 삼키며 흘린 눈물입니다.

걷잡을 수 없이 흔들리는 인생의 갑판 위에 토해 낸 탄식입니다.

그럼에도 마침내 절망과 원망의 정수리를 지르밟고 거머쥔 환호이자

부서진 영육을 위로와 치유로 엮어가며 읊조리는 우리들의 기도입니다.

6월이
지나가고
있다

이동규

홍성사

차
례

I 신앙을 담다

I

신앙을 담다

말씀
묵상

말씀을 묵상한다.
눈으로 들어와 마음을 붙잡는
그 말씀을 되뇌인다.
그것이 무슨 말씀이든
시선을 고정시키고
문지방의 턱처럼 마음의 턱을 거는
그 말씀을 묵상한다.

묵상 속에 만나는 주님의 얼굴
묵상 속에 듣는 주님의 음성
묵상 속에 내미시는 주님의 손길
묵상 속에 찾아오시는 주님의 방문

묵상은
위에서 내려오는 귀한 선물
날마다 찾으시는 주님의 초대
내 인생의 등불
그럼에도 세상의 유혹 앞에
또다시 스스로 굴복한다.
하신 말씀 잊어버린다.

묵상과 함께 걸어온 세월
묵상과 함께 살아야 할 인생
말씀 속에 살아 계신 하나님
오늘도 주신 말씀
점심 먹고 산책할 때
잠자리에 들기 전에
영혼으로 곱씹어 본다.

묵
상
I

말씀을 묵상한다.
매일 거르지 않고
아침에 묵상을 한다.

묵상은 내 삶의 일부
일부 아닌 전부
묵상으로 여는 하루
말씀이 길을 인도한다.

말씀을 놓치지 않으려는
약하고 두려운 몸짓
말씀을 창窓 삼아
오늘을 맞고
내일을 본다.

말씀 속에
주主 되신 그분께 듣고
영혼을 만지시고
마음을 빚으시는
하늘의 능력 경험한다.
말씀이 씨앗이 되어
여전히 투박한 인생
어느새 순종이 된다.

살면서 놓칠 수 없는 것들
놓쳐서는 안 되는 것들
묵상은 언제나
그중의 제일 먼저.

묵상과 함께 가는 인생
모든 것 있고 모든 것 없고
남긴 것 있고 남긴 것 없고
사람들 알고 몰라도
묵상은 위로부터 내리시는
영혼의 만족
다시 붙잡아 주는 그분의 약속

오늘도 묵상으로
기회의 하루를 시작한다.

묵
상
2

말보다 마음으로 주님께 머물고
외형보다 내면으로 존재하고 싶은
묵상 들고 옵니다.

연약하여
알면서도 반복하는 부끄러움
무지를 모르는 완고함
감정에 시달리던 가벼움
벗지 못하는 게으름과 교만함.

가고 나면 되돌릴 수 없는 세월
지난 후엔 돌아오지 않는 인생
세상이 두렵고 세상에 취해
놓치고 있습니다.

거울 앞에 서듯
주님 앞에 섭니다.

차곡차곡 말씀 더미 쌓아 올리면
어느새
주님의 기쁜 사람 됩니다.

기도하기 좋은 날

비바람 부는 날은
기도하기 좋은 날입니다.
비바람이 나를 가둬
기도하게 하기 때문입니다.

회색 구름
하늘 덮은 흐린 날은
기도하기 좋은 날입니다.
무거운 잿빛 구름
나를 눌러
기도하게 하기 때문입니다.

화창한 맑은 날은
기도하기 좋은 날입니다.
파란 하늘 열린 하늘
나를 불러
기도하게 하기 때문입니다.

인생은 언제나
기도하기 좋은 날입니다.
좋든 싫든 있든 없든
혼자 있든 같이 있든
아프든 건강하든
오늘은 언제나
기도하기 좋은 날입니다.
그 기도가 하루를 만들어 갑니다.
인생을 빚어 갑니다.

기도는
숨 막히는 인생 막힌 인생
온전히 문을 엽니다.
길을 엽니다.

주님은 기도 속에 조용히 찾아오는
변함없는 우리 친구
인생의 가장 큰 선물입니다.

기
도
의 사
    람

일이 있어
기도할 수 있는 것은
은혜입니다.

기도할 수 있어
자신을 낮출 수 있는 것은
은혜입니다.

자신을 낮출 수 있어
그의 능력 깨닫는 것은
은혜입니다.

이 은혜 놓치지 않는 자
되게 하여 주십시오.

은혜 속에
하나님의 긍정 배우며
담대히 세상 가는
기도의 사람
되게 하여 주십시오.

마음걸이

옷걸이에 옷을 걸듯
마음을 겁니다.
당신은 언제나
제게 있는 마음걸이입니다.

아픈 마음 좋은 마음
슬픈 마음 기쁜 마음
힘든 마음
감사한 마음
믿음의 마음걸이입니다.

굳은 무릎 다시 접고
처진 손 다시 모아
어둔 밤을 밝히며
기다림을 겁니다.

언제나 어디서나
당신은
견고하고 견고한
제 마음의 마음걸이
이생에서 변함없는
영원한 마음걸이입니다.

새벽
기
도

새벽기도는 일상
전혀 특별하지 않은
또 하루의 일상.

혼자 하는 새벽기도
요일을 계산하지 않는다.
날수를 세지 않는다.
보는 이 듣는 이 없어도
여기서 거기서
은밀히 보시고 들으시는 그분 앞에
잡히지 않는 인생을 맡긴다.

새벽기도는 일상
하루를 살리고
영혼을 살리고
인생을 살리고
영광을 살리는
영원한
우리들의 일상.

용
서

수준이 안 되는 사람
밖에서는 누가
상대라도 해줄까
여기서는 모든 것이
허용된다 여기는
정제되지 않은 언어가
스스로 심판을 부른다.

더 절제되고
더 친절하고
더 정결해야 하는데
통제되지 않는 언어는
겁도 없이 그분을 무시한다.
마음을 할퀴고 벽을 세운다.
파아란 하늘마을을 허문다.

섞여 있는 세상
섞여 있는 사람들
투명한 하늘의 줄이
분명히 나누고 있지만
지금은 하나도
보이지 않는다.

할 수 있는 거
별로 없는 시간
추운 겨울 어두운 예배실
차가운 새벽문 손잡이
조용히 밀고 들어선다.
오늘도
기다리시는 용서를 만난다.

말씀 축제

1.
무엇을 어떻게 준비해야 할지
뚜렷이 잡히는 것 없었습니다.
염려를 했는지 안 했는지
설명할 만한 기억도 없습니다.
그분에게 필요했고 우리에게 필요했기에
'말씀 축제'는 시작되었습니다.

2.
시간이 지닌 의미는
변화입니다.
시간이 가진 또 하나의 신비는
예비하심입니다.
'말씀 축제' 위해
우리가 닿을 수 없는
신비로운 손길들 있었습니다.
감추어 있던 그분의 은총이었습니다.
보내시고 스스로 준비하신
그분의 결정이었습니다.

3.
선線은 점點으로 되어 있습니다.
점이 모여 선이 됩니다.
'말씀 축제'는 점들이 선이 되는 시간이었습니다.
점으로 남는 것은 무의미입니다.
낭비입니다.
어리석음입니다.
점이지만 선으로 사는 것이 인생입니다.

4.
짧지만 긴 여행이었습니다.
고마움이었고 감사였고
겸손이었고 사랑이었습니다.
그리고 또 다른 그리움으로
눈물로 남았습니다.
'말씀 축제'
'참된 축복'을 위한 새로운 출발점입니다.

설
교

설교를 한다.
위로부터 받아
빈 독에 물을 붓듯
마음을 채우며
말씀을 준비한다.

살[肉] 내리는 영혼의 작업
부딪치는 두려움
부추기는 마음의 상처
"용서하여 주옵소서!"
언제쯤 이 고백이 끝날지
두려운 죄송함을 반복한다.

그럼에도
길어 올려야 하는 영혼의 생수
피할 수도 피해서도 안 되는,
먼저
말씀이 내가 되는 고독한 시간
감사의 길
축복의 잔盞.

설교를 한다.
죽음을 위해 삶을 위해
내 삶을 위한 네 삶을 위한
마지막 설교를 한다.

성공신화

성공신화成功神話 부추기진 않겠습니다.
사람들 앞에 놓고
높은 자리 좋은 집
유명한 이름 큰 승용차
그것이 성공이라 말하진 않겠습니다.
그리스도의 이름으로.

낮아도 성실하고
가난해도 정직하고
병들어도 감사하고
유명해도 무명하고
부유해도 가난하고
음란한 세상에서 죽기까지 성결한
그것이 성공이라
오늘도 말하겠습니다.

심령이 가난한 자 복이 있나니
천국이 그들의 것임이요
애통하는 자 복이 있나니
그들이 위로를 받을 것임이요
온유한 자 복이 있나니
그들이 땅을 기업으로 받을 것임이요
의에 주리고 목마른 자 복이 있나니
그들이 배부를 것임이요
긍휼히 여기는 자 복이 있나니
그들이 긍휼히 여김을 받을 것임이요
마음이 청결한 자 복이 있나니
그들이 하나님을 볼 것임이요
화평케 하는 자 복이 있나니
그들이 하나님의 아들이라 일컬음을 받을 것임이요
의를 위하여 박해를 받은 자 복이 있나니
천국의 그들이 것임이라

이것이 진짜
성공신화라고
두려운 세상 향해
물러서지 않고 말하겠습니다.

주일 I

한 주 지나
또 다른 마지막 주일을
맞고 있습니다.

일생의 하나뿐인
매 주일 맞을 때마다
주일이 주는 의미
달라진 마음
달라진 흔적
무엇인지 생각해 봅니다.

지나간 많은 주일
날[日]을 위한 교회 마당 밟으며
스스로 자족하고 안심하며
그런 오류
그런 구원
반복하며 살았습니다.

시계 돌려 지난 주일
되돌릴 수 없지만
남은 주일 진지하게
손을 들어 눈을 들어
말씀을 듣겠습니다.
말씀을 받겠습니다.

매일이
말씀의 주일임을
잊지 않겠습니다.

주
일

2

또 하나의 지점에서
여기 서 있습니다.
반복되는 한 주의 행위
새롭게 자신을 찾는 시간입니다.

말씀 속에 길어 올린 생각
깨달은 지혜
경험하는 응답
인생의 명확한 경계가 됩니다.

한 땀 한 땀 수놓아 가듯
섬세한 믿음 드러나는 신앙
말씀의 길 따라
인생의 골짜기
맑은 소리 내며 흘러갑니다.

흐르다
앞길 막는 돌부리
발 거는 나뭇가지
파여진 웅덩이 만나면
영혼의 고개 들어
그를 향한 기도로 바꿉니다.

사랑하는 이의 얼굴
닳도록 보기 원해
내 눈이 닳도록
내 손이 닳도록
오늘도 내일도
영혼 속에 말씀을 새깁니다.

수도
修道

예배실 의자를 놓습니다.
헝클어진 의자 모아
도道를 닦듯
하나하나 줄 맞추어
정성껏 당신 위해
시간마다 주일마다
무겁고 먼지 나는
예배실 의자를 놓습니다.
내 마음을 놓습니다.
내 인생을 놓습니다.

예배실 의자를 닦습니다.
또다시 쌓인 먼지
총채로 털어 내고
하나하나 정성스레
걸레로 닦습니다.
내 마음을 닦습니다.
내 영혼을 닦습니다.

빌려 쓰는 주일은
나를 닦는
수도의 시간입니다.

신년 0시 예배

새해 첫 시간입니다.
첫날 첫 시간
당신께 드립니다.
그 작은 간격 두고
일 년의 강 넘었다니
시간의 의미와 무의미에
마음 숙연해집니다.

살아 있는 동안
허락하신 시간의 날들
써가야 할 이야기 바로 쓰고
일 년의 강 아니라
인생의 강 건널 때
영원한 사람으로
다시 태어날 것입니다.

그 작은 간격 속에
새로운 한 해의 의미
겸손히 다시 새기며
올해를 당신께 올려 드립니다.

성찬

'죄인입니다'
이 말 없인
거룩한 식탁 앞에 나올 수 없기에
또다시 고개 숙인 고백 들고
나옵니다.

지나간 한 주간도
냉담했고 인색했고
믿지 못한
내게만은 관대한,
말만 있는
이상한 신자였습니다.

거룩한 시간
생명의 시간
말씀의 성찬 앞에
부서지는 떡
부어지는 잔
퇴색된 헌신을
다져 봅니다.

2
0
0
6
부
활
절

해마다 맞이하는 부활절
오늘은 부활절입니다.

죽었던 이 다시 살고
살았던 이 영원히 산다는
생명의 부활절
약속의 부활절입니다.

그럼에도 지금 당장
내일의 부활보다
오늘의 현실이
줄지 않는 무게로
마음을 누르는 것은
피할 수 없는 삶의 진실입니다.

때가 되면 돌아올
환희의 날 영광의 날
생명의 날 영원의 날

말씀으로 맞고
믿음으로 맞아
오늘의 위로 되고
내일의 소망 되는
또 한 해의 부활절
축복의 부활절이기를
눈을 들어 바래 봅니다.

교구 종강의 밤

안녕이 아닌데
안녕을 말하네요
서운할 일 아닌데
마음 괜히 서운하네요
멀리 가는 것도 아닌데
벌써 그리움 묻어나네요
정情은 이렇게 쌓이나 봅니다.

고맙습니다
감사합니다
미안합니다
사랑합니다
생각이 닿을 때
기도하겠습니다.

나누고 싶은 말
마음속에 많지만
이 말들이
전부를 대신하네요.

미안합니다

저녁을 먹었습니다.
무심코 상에 놓인 반찬을
헤아려 보았습니다.
무려 아홉 가지나 되었습니다.

콩나물 두부국과 두부조림
배추김치와 하루나김치
상추와 고추장
멸치볶음과 오징어볶음
김과 당면 섞인 콩나물무침
그리고 현미 섞인 잘 익은 밥

밥상을 대할 때마다
요즘 들어 부쩍
당신들께 미안합니다.

굶주려 죽어 가는 동족의 땅
동토凍土의 왕국에서
주의 이름으로 동포와 함께하는
당신들께.

언어도 풍습도 다른 이방의 국경
팔리고 넘어온 동포들의 거리에서
주의 이름으로 그들과 함께하는
당신들께.

어두운 대지 어두운 얼굴
이름 없는 가난한 나라에서
주의 이름으로 그들과 함께하는
당신들께.

미안합니다.
머리 숙여 마음의 머리 숙여
미안하고 미안합니다.

그럼에도 당신들 향해
넘지 못하는 마음
그저
미안한 기도로
대신할 뿐입니다.

감
사

I.
바람이 수繡를 놓아
거리에 가을을 가져오면
마음은 풍요 속에
익어만 가고
어느새
신神이
그 생명의 손길을
들판에 새기면
인간은
신앙으로
그것에 응답한다.

2.
눈〔雪〕 없는 겨울이
잔디 위에 내리고
말없는 사랑이
다시 또 날 찾아오면
바다 밑 하늘 위로
이것을 띄운다.
고맙소.

3.
범사에
감사하라.

병문안 I

집사님 오른 눈에
가스를 넣었습니다.
왼쪽 눈 아프게 한 망막박리 현상
나타났기 때문입니다.

집사님 입원해 계신
병원 문 두드리며
우리 함께 찾았습니다.
엎드려 계시는 그 큰 뒷모습
그날따라 유난히
작게 보였습니다.

가스가 사그라질 때까지
엎드려 계셔야 한다고
집사님 등 뒤로 말했습니다.
밤새 기도했다고
그래도 수술 안 하고 나을 수 있도록
하나님께 기도했다고
두 손 잡고 말했습니다.
떨리는 넓은 어깨
집사님 낮은 목소리
마음에 젖어 왔습니다.

집사님 등 너머로
힘주어 말했습니다.
우리는 모두
하나님께 엎드릴 수밖에 없습니다.
그리고 엎드리는 그 이를
하나님,
일으키십니다.

병
문
안

2

병실 문 열었을 때
집사님 우리 보고 우셨습니다.
낯선 땅
살아야 할 삶의 자리
아픔보다 더 진한
슬픔이기에.

장로님 기도할 때
집사님 두 손 접고 우셨습니다.
당신 아픔 우리 아픔
한 줄 되어
엮어졌기에.

병실 문 나설 때에
집사님 우리 보고 웃었습니다.
그것이 알고 있던
이 시간의
대답이기에.

병실 문 나설 때에
우리 모두 웃었습니다.
하늘 보고 소리 없이
웃었습니다.

참
된

권
위

권위가 부정되는 세상은
좋은 세상 아닙니다.
어지러운 세상 불안한 세상
위험한 세상입니다.

권위가 오용되는 세상은
건강한 세상 아닙니다.
욕심스런 세상 치사한 세상
병든 세상입니다.

권위는 인정되고 선용돼야 하는
하늘의 선물입니다.

지금은
섬기고 지켜야 할 권위에 대해
스스로 교만하고
스스로 비겁해졌습니다.
권위가 떨어지면
꿈도 같이 떨어집니다.

지금은
죽기를 각오하고 진리를 말하고
꿈꾸는 영혼으로
영생의 권위를 말해야 하는,
세상에 눈 먼
심판의 시대입니다.

양
화
진
비
석

양화진의 비석이
사람처럼 서 있네요.
눈(雪)을 쓰는 제 곁에서
저를 지켜보네요.
말없이 웃으며
바라보고 있네요.
제게 말을 건네네요.
고개 돌려 그를 보니
그 사람 간 데 없고
빛바랜 비석만이 여전히 서 있네요.
선교사님이 잠시
다녀가셨나 봅니다.

주님의 200불

오클랜드 주님의교회에서
1월부터 200불씩
일 년간 보내겠다고 메일이 왔습니다.
불현듯 날아온 메일을 보며
'도대체 무슨 뜻인가?'
이 목사님께 전화 걸어 물어보았습니다.
당회 중 이런 저런 이야기 가운데
제 이야기가 나와
그리 하기로 결정했다는 것이었습니다.
그리고 금액이 너무 적어 전화로 못 드리고
메일로 보냈다는 것이었습니다.

오클랜드 주님의교회 떠난 지 어느새 12년
지난 번 주일 설교하러 갔을 때
이제는 예전의 성도들 그리 많이 없음을
느꼈습니다.
그럼에도 교회 생일 때면 떡도 해오시고
일 있으면 전화도 주실 때가 있습니다.

200불!
누군가에겐 있어도 그만, 없어도 그만인
작은 돈이고
누군가에겐 며칠 생활비가 될 수 있는
큰돈입니다.
그러나 200불보다 더 크고 귀한 것은
그 뒤에 살아 있는
생각해 주는 마음,
밀어주는 기도입니다.

살면서 문득 생각나는 사람들 있습니다.
함께 웃고 함께 울고,
서로 위해 생각하고 기도하는
하늘의 친구들입니다.

불현듯 날아온 200불,
갑자기 무슨 뜻인지
이 짧은 생각으론 다 모르지만
만지시고 고치시고
일으키시고 회복시키시는
주님의 200불, 하늘의 200불임을
가난한 영혼
잠잠히 눈물로 깨닫습니다.

만약
내게

만약 내게 던져야 될
돌 있다면
던지십시오.

만약 내게 해야 할
고발 있다면
하십시오.

그러나 한 가지
간곡한 부탁 있다면
"너희 중에 죄 없는 자가 먼저 돌로치라"는
그분의 한 말씀만
기억해 주십시오.

그래도 만약
던져야 될
돌 있다면
주저 말고 던지십시오.

그래도 만약
해야 할
고발 있다면
부담 없이 하십시오.

그분께 받은 사랑에 비하면
그것은
아무것도 아니기 때문입니다.

침묵
I

침묵이 말을 한다.
방안 가득
살아 있는 침묵이 있다.

침묵은 '말없음표'가 아니다.
침묵은 생명
마음 살리고
나와 너 살리는
기다림의 언어.

침묵이 낯선 사람들
침묵이 두려운 사람들
서로 모르는 잡담으로
침묵을 몰아낸다.
침묵의 풍요를 잃는다.
어둠 속으로
말없이 하나둘
뿔뿔이 흩어진다.

침묵이 나를 품는다.
나를 본다.
아이가 자궁에서 나오듯
다시 나게 한다.

아이가 말 배우듯
침묵의 옷을 입고 언어를 배운다.
아이가 걸음마 떼듯
소란한 세상 한가운데
비로소 침묵 속에서 듣는다.
침묵으로 삶을 배운다.
침묵이 하늘 길을 간다.

침묵
2

침묵이 좋다.
침묵 속에
언어는
비로소 생명력을 갖는다.

침묵을 지나
비로소 살아나는 언어의 힘
침묵의 비밀
침묵의 축복이다.

조급한 마음
조급한 말
조급한 생각
조급한 인생
깊이와 무게를 상실한 사람들
자신을 잃고
사람을 잃는다.

침묵이 숨을 쉰다.
살아 있는 침묵
무리 속에서
홀로의 침묵을 배운다.
침묵 속에서
비로소 함께한다.

길을 인도하는 침묵
마음을 인도하는 침묵
관계를 빚어가는 침묵
오해를 두려워하지 않는 침묵
그래도 두려운 침묵

침묵은 용기
기다림의 침묵
사랑의 침묵
침묵이 이긴다.
생명을 선물한다.

침묵
3

침묵은 바다
반짝이는 푸른 바다
어두운 깊은 바다
살아 있는 바다.

요란한 소리로
세상이 침묵을 갈라도
침묵은 움직이지 않는다.
세상을 품는다.
침묵이 웃는다.

하늘을 비추는 침묵
구름이 춤추는 침묵
세상이 바다에서 나왔듯
세상은 침묵에서 나왔나 보다.

헤아릴 수 없고
들을 수 없는 천둥소리
하늘의 소리
침묵의 소리가
세상을 만들었나 보다.

바다는
침묵의 비밀을 간직한
침묵의 자궁
바다에서 침묵을 듣는다.
침묵을 본다.

침
묵

4

구하려는 생각에
길이 보이지 않습니다.
채우고 이루려는 조급함에
느끼지 못합니다.
구하고 찾고 받아야 한다는
강제된 습관이
우리를 단절시킵니다.
가까이서 멀리 있게 합니다.
하늘을 닫습니다.

그냥
앞에 있는 것으로
응답을 삼고
전부를 삼고
그냥
호흡할 수 있는 것으로
채울 수 있다면
그것이 완성이고
만족입니다.
참된 응답이며
영원한 시작입니다.
신앙하는 즐거움입니다.
우리가 가진
비밀입니다.

침묵과 고독

침묵을 찾아가고 있습니다.
고독을 찾아가고 있습니다.
침묵과 고독은 친구
말없는 깊은 친구입니다.

침묵은 영혼의 고향
고독은 영혼의 안식처
침묵이 나를 보고 웃고
고독이 반갑게 맞이합니다.

침묵의 방
고독의 정원에서
흐트러진 마음 추스립니다.
하늘의 상床 받습니다.

침묵과 고독 없인 이를 수 없는
안식의 자리
신앙의 자리
진리의 자리
침묵과 고독이 나를 쉬게 하고
내 안의 세상을 몰아냅니다.
침묵과 고독은
그분의 귀한 선물입니다.

침묵이 갑갑하고
고독이 슬픈 시절
맛 잃은 인생
외로운 인생
내일을 잃습니다.

닫혀질 수 없는 침묵의 문
닫혀져선 안 되는 고독의 문
다시 살고 지키는
축복의 문 생명의 문입니다.

가벼운 발걸음
영혼의 친구 인생의 친구
침묵과 고독 찾아
신나게 달려갑니다.
이 밤도 즐겁게 달려갑니다.

2
가족을 담다

가
족

이전에 전
한 아버지 어머니의 아들이었습니다.
솔로몬의 고백처럼
유약한 어린 소년이었지만
소중한
그분들의 아들이었습니다.

이전에 전
한 아버지 어머니의 딸이었습니다.
술람미 여자처럼 수줍음 많던
어린 소녀였지만
언제나 예쁨 받던
그분들의 딸이었습니다.

'그러나 세월은 이렇게 가는 건가?'
어느새 전
세 아이의 아비 되고 어미 되고
어미 되고 아비 되었습니다.

'낳고 낳고'가 멀고도 지루해
덮고 덮던 마태복음 I장
진리의 고개를
어느새 세월 속에 몸으로 살고
인생으로 깨닫는
아비 되고 어미 되고
어미 되고 아비 되었습니다.

머잖아 때가 되면
우리들의 아버지 어머니가 그러신 것처럼
우리 또한
가족들의 기억 속에조차 묻힐 것입니다.
그래도 우리는 여전히 소중한
이 땅의 가족이며
그곳에서 영원한
그분의 가족입니다.

미
래
편
지

일곱 살 미래가
매일 매일 편지를 보냅니다.
매일 매일 같은 내용
같은 그림
책상 위에 놓고 갑니다.
몰래 들키면서
웃으며 놓고 갑니다.

그래도 매일 매일 같은 것 받아도
매일 매일 즐겁기만 합니다.
받아도 받아도 질리지 않고
물리지 않습니다.
미래의 편지는
이상한 나라의 편지입니다.
미래 속에 무슨 생각
무슨 마음 들었는지
사뭇 궁금해집니다.

미
래

미래,
우리 집 막내입니다.
1994년 11월 21일
언니들 좋아 언니들 따라
세상에 태어났습니다.

하늘에서 주신 또 하나의 선물
미래!
출생신고 하러 동사무소 갔습니다.
한자로 아름다울 미美, 올 래來
주저 없이 출생신고 용지에 썼습니다.
미래 이름 본 동사무소 직원
'올 래 자로 할 거냐?'고
이름엔 잘 안 쓴다고 다시 물었습니다.
아내와 저 아무런 요동 없이
맞다고
환하게 웃으며 말해 주었습니다.
미래!
우리들의 아름다운 미래입니다.

돌 지나
뉴질랜드로 갈 때
미래 위해 갖고 온 분유 한 박스
공항서 빼앗겼을 때
떠나온 그리움보다
더 큰 아쉬움으로 마음에 남았고

낯선 땅 낯선 언어
하룻밤 지샌 병상
일 년처럼 긴 순간이었습니다.
그래도 준비된 손길
미래!
감사를 가져오는 미래입니다.

어느 성탄절엔가
영아부 성탄 축하 발표 시간
제일 가운데 서서 끝까지 고개 숙이고
친구들 발표 끝날 때까지
뚝심 있게 그대로 서 있던
그날의 히로인heroine 된 미래
어느새 하이스쿨 졸업을 앞두고 있습니다.
작곡을 공부하고 싶고
인문학도 생각해 보고
여전히 꿈 많고 생각도 깊은
우리의 기대 우리의 희망
미래!
우리의 미래
주님의 미래입니다.

| 미
| 혜

미혜,
우리 집 둘째 딸입니다.
1992년 9월 19일
큰 소리 내며 세상에 태어났습니다.
태어나 너무 잘 먹어
사람들
아이 뱃고래 크다고 했습니다.
미선 이름
친할아버지가 지으셨기에
미혜 이름
외할아버지께서 지어 주셨습니다.
아름다울 미美, 은혜 혜惠 자 써서
아름다운 은혜의 사람 되라
기도하며 정성껏 지어 주셨습니다.

어려서 겁 많고 마음 약해
세상 살아갈 일
괜스레 걱정되던 둘째
어느새
어엿한 청년 되어
넉넉히
언니와 막내와 지내고 있습니다.

세 아이 중
남달리 힘 센 손 가져
아빠 어깨 풀어 주던

우리 집 둘째
오늘도 있는 솜씨 없는 솜씨
빵 만들고 떡 만들어
기쁨의 상床 차립니다.

앞으로
우리 미혜 하늘의 미혜
가는 곳마다 머무는 곳마다
사랑의 상
기쁨의 상
진리의 상
넘치는 상 차려지기를
소리 없이 기도해 봅니다.

어느새
부쩍 자라난 생각
더 큰 어른 되고
더 큰 지혜 되고
더 큰 은혜 되어
사람과 세상을 살리는
하늘의 다리 되기를
눈을 들어
그분께 청해 봅니다.

미
선

미선,
우리 집 큰딸입니다.
1990년 1월 12일 세상에 태어났습니다.
우리 집 첫 아이라
이름 놓고 아내와 생각하고 생각했습니다.
그리고 아버지, 미선이 친할아버지
아름다울 미美, 옥 선琁 자 써서
아름다운 옥, 아름다운 구슬 되라
예쁘게 지으셨습니다.

미선이
아내 배 속에 잉태되었을 때
아내와 성경을 읽었습니다.
아이 태어나기 전
같이
성경 한 번 통독하자
마음에 결심하고 날마다 마주앉아
소리 내어 성경을 읽었습니다.
어느새 아내 배 산처럼 불러오고
성경 다 읽었을 때
미선이 큰 울음소리 내며
우리 품에 안겼습니다.
큰 웃음 큰 기쁨과 함께
하늘에서 큰 선물로
우리에게 주셨습니다.

세월은 빠르게 흘러
미선이
한 살 되고 두 살 되고
열 살 되고 스무 살 되고
어느새
자기 나이 스물둘
청년이 되었습니다.
그리고 지금은
가장家長 아닌 가장이 되어
사랑하는 동생 둘과
신나게 지내고 있습니다.

한 가족으로 살아간다는 것
말할 수 없는 감사와 축복입니다.
일생을 믿음으로 산다는 것
더 큰 축복이며 감사이며 능력입니다.
왜냐하면
하나님,
창조와 구원의 주님이시기 때문입니다.

미선이
하늘 아이 인생 속에
하늘의 뜻 있습니다.
옥같이 귀하고 영롱한
그분의 뜻 있습니다.
오늘도 내일도
영원히 변함없이
미선이
당신의 아이에게
보석 같은 복 내려 주시길
두 손 모아
그리스도의 이름으로
축복합니다.

부
부

바람이 간다
시작도 끝도 없는 길을.

한 지붕 아래
한솥밥을 먹고
한 이불을 덮고 산다는
그 흔한 사실이
뭐 그리 질긴 인연이기에
이렇게 또다시
함께
순례의 길 가야 하는가?

그래도
짧은 생의 노정路程에
인간의 정 나눌 수 있다는 것은
그분이 주신
또 하나의 위로
그것 아닌가.

한 줄로 말할 수 없는
오늘의 짧은 만남은
태초 전 이미 씌어진
긴 이야기의 한 조각일 뿐
위도 아래도 아닌
우리들의 삶
......
사랑 아닌가!

성
탄
절
에

생
긴

일

성탄절 아침
아내로부터 부부 머그잔 받았습니다.
컵 가장자리 가느다란 하얀 선 흠 있지만
고마운 아내 선물이었습니다.

학鶴 그림 컵은 내 꺼
동그라미 그림 컵은 아내 꺼 하기로 했습니다.
20세기 마지막 성탄절 밤에
거실에서 둘이 같이
그 잔으로 차 마실 일 생각하며
기분 좋아 혼자 웃었습니다.

성탄절 예배드린 교우들
그냥 가기 허전해 집으로 모였습니다.
아내가 간단히 간식과 차를 내왔습니다.
그런데
오늘 아침 아내가 마음으로 선물한
부부 머그잔이
쟁반 위에 있었습니다.
그 순간 너무 기분이 상했습니다.
오늘밤 둘이서만 함께하려 했던 잔인데……

성도들 집으로 가고
감추지 못하는 성격 그대로
상한 마음 털어놓고 쏟아 냈습니다.
아내 역시 성격 그대로 제 잘못이라 인정했습니다.
그 말 듣고 속이 그냥 더욱 상했습니다.
차라리 선물이나 하지 말지.

세월 가며 부부가 무엇인지……
애가 되는 남편, 어머니가 되는 아내
그래도 먼 훗날 누군가에게
부부 대해 말할 때
말할 거리 주시는
그분의 귀한
성탄 선물이었습니다.

여름의 파란 잔디
장식된 길 걸어오며
많은 생각 스쳐 갔습니다.

질투라는 이름의
타락한 인간 본연의 파편
의심이라는 이름의 죄의 질병
염려라는 이름의 불안한 얼굴
미움이라는 이름의 무서운 마음
걸어오는 여름의 길 채웠습니다.

걸어오는 여름의 거리
여름을 맞는 파란색 옷들
시원하고 활기차게 입고 있는데
마음은
겨울의 차가운 가죽 잠바 그대로 입고
여름 길을 걸었습니다.

사
랑
은
신
뢰
입
니
다

대답 찾지 못하는 마음
그래도 집으로 돌아오는 길은
여기저기 열려 있었습니다.
그리고
열려 있는 돌아오는 길처럼
준비된 피할 수 없는 대답 있었습니다.
'사랑'이었습니다.
모든 것, 모든 이를 위한
신뢰 담긴 마음이었습니다.

받지 못하는 마음 당신 탓으로 돌리며
사랑을 구걸했습니다.
당신은 몸으로 사랑을 보여 주었건만
사랑이 신뢰라는 것을
그때까지 제대로 몰랐습니다.
"사랑은 신뢰입니다."
사랑이 깊으면 자꾸 눈물이 납니다.

엄마의 눈물

월요일 점심
아내가 식탁 앞에서 울었습니다.
큰아이와 이야기하다
무엇에 속이 상했는지 울었습니다.
감사한 점심상 앞에서
끝까지 눈물을 안 보이려 애를 쓰다
끝내는 참지 못하고 말없이 울었습니다.

아내가 왜 울었는지
전 그 까닭을 자세히 모릅니다.
대략 추측만 해볼 뿐입니다.
그럼에도 분명 아내는
어미의 심정으로
가난한 마음으로 울었습니다.

아내가 울자 큰아이도 울었습니다.
그리고 결국은
다 점심을 못 먹었습니다.
엄마가 준비한
맛있는 볶음밥과 계란부침이었는데…….

엄마는 울고 싶어도
맘대로 울 수도 없나 봅니다.
그러나 엄마도 울고 싶을 때가 있습니다.
집 떠나 혼자 자기만의 시간
조용히 갖고 싶을 때,
맛난 것 먹고 예쁜 것 갖고 싶을 때 있습니다.

눈물의 농도가 얼마인지는 모르지만
엄마의 눈물은 세상에서 가장 진한
인내의 눈물, 사랑의 눈물
소망의 눈물
고마운 눈물입니다.

그날,
우리 집엔 한 시간 반 동안
조심스런 침묵이
가볍게 흘렀습니다.

이사 I ＼ 아비 생각

이사 갈 줄 알았던 집
거절당했습니다.
아이가 셋이라
집 망가진다고 안 된다고
또다시
차가운
통보
받았습니다.

비록 방 두 개지만
그래도 욕실이 두 개라
기대에 부풀었던 큰아이
안 된다는 무표정한 통보 받고
울었습니다.
자기 눈망울만큼
큰 눈물 떨어뜨리며
아빠 무릎에 앉아 울었습니다.

큰아이 눈물만큼
큰 슬픔 내 안에 있었습니다.
그래도 순종하는 마음
또 다른 당신 뜻 헤아려 봅니다.

그럼에도 내 믿음 아니라
큰아이 눈물 보고
큰아이 가고 싶던 집
잠시라도 머물 수 있어
당신 살아 계심
아직 어린 그 마음에
심어 줄 수 있다면
......
대답 없는 생각
당신 무릎에 앉아
말씀드려 봅니다.

이
사
2
＼
살
집
을
신
청
하
고
왔
습
니
다

아내와 결혼하고
처음으로 내 손으로
살 집을 부동산에 신청하고 왔습니다.
지은 지 일 년 된 Unit*
방이 3개, 화장실이 2개,
기다란 Garage**
한 주에 280불 넉 주면 I,I20불
세금까지 한 달에 I,300여 불
염려는 접어 둔 채
6개월을 신청했습니다.

함께 간 집사님 말했습니다.
"이거 장난이 아니네요."
속으로 제가 말했습니다.
'그러네요. 이거 진짜 장난 아니네요.'

* 다세대   ** 창고

살 집을 신청하고 돌아오며
은행의 통장 잔고 계산해 보았습니다.
그런대로 얼마간은
살 것 같단 생각이 들었습니다.
그러나 살 수 있든 못 살든
별로 걱정되지는 않았습니다.
믿음인지 무지無知인지
그렇게 걱정되지는
그렇게 걱정되지는
않았습니다.

갈피 못 잡는 남편에게
아내가 착한 눈에 힘주며 말했습니다.
"배짱으로 한번 해봐."

살 집을 신청하고 왔습니다.
결과는 모른 채
있는 것도 얼마 없으면서
일단은 신청하고 왔습니다.
그런데도 크게
걱정되진 않았습니다.
걱정되진 않았습니다.
단지
그날따라 옆에 있는 아내가
왠지 더 아빠같이 보였습니다.

이사

3 ╲ 거듭난 죄인

살려던 집이 취소되었습니다.
불편한 마음 미운 마음
화난 얼굴 짜증스런 걸음으로
또다시 살 집을 보고 왔습니다.

한 달에 한 번
때 맞춰 날아오는 책
오늘 또다시 받았습니다.
이 시대의 청년 향한
자기 성찰 글 읽으며
자신이 누구인지 보았습니다.

때마다 일마다
살아나는 혈기
일어나는 분노
반복되는 후회스러움
마음에 부딪치는 말씀 앞에
흐르는 눈물
또다시 죄인임을 깨닫습니다.

그럼에도
그 속에 새로운 출발 있음은
하늘의 은혜입니다.
당신은 역시 은총의 주님
나는 결국 거듭난 죄인입니다.

이
사

4

＼

죄
송
합
니
다

이사 가려 보고 온 집
또 안 됐습니다.
현지 사람과 함께 보고 온 집인데
안 됐습니다.

그때는 다 된 줄 알았습니다.
제 돈 주고도 집 얻기 힘든지라
지금 비어 있기에
제 나라 말하는 사람과 같이 갔기에
이미 알고 지내던 사람이라기에
그때는 다 된 줄 알았습니다.

1년 반 동안
비와 바람과 햇빛
더위와 추위와 피곤함
가려 주고 쉬게 하던 집인데
드러나는 성의 없는 손과 마음을
감출 수 없습니다.

사람이
갈 때도 올 때처럼
그 감사
그 열심
그 겸손으로 산다면
세상은 참으로
말끔하고 깨끗하고
기분 좋고 아름다운
처음 세상
처음 동산이 될 것입니다.

이
사
6
\
일
체
감
사

살려고 신청한 셋집이 취소되었습니다.
아내와 나만 아는 흥분된 마음으로
예치금 받아왔습니다.

집에 돌아와
기다리던 소식 하나
우체통에 남겨 있었습니다.
반듯한 메모 바라보며
마음으로 말했습니다.
"감사합니다."

살던 집
이곳에서 일 년 반 더 살았습니다.
'일체감사一切感謝'
지금은 이것 외에
별 생각나는 말 없습니다.

어머님 병상소고病床小考
I

어머니,
왜 그렇게 아프세요?
일평생
잘난 사람들
뒷바라지하느라 고생만 하셨는데
늙어 주름지시고도
왜 그렇게 아프기만 하세요?

멀리 있는 못난 자식 한 것도 없는데
쉬게 하느라 그렇게 아프세요?
오랫동안 못 뵌
친정 부모님 만나 보라고
그렇게 아프세요?

어머니,
왜 늙어 병들어까지
그 병으로 못된 자식 사랑하세요?

어머니,
왜 그렇게 아프세요?
어머니 아픔만큼
그렇게 아프지 않은 나쁜 자식
어머니 아픔 덕에
내일 어머니 뵈러 가요.

엄마,
왜 그렇게 아프세요?

어머님 병상소고 2

엄마,
오늘, 첫째 미선이 둘째 미혜에게
바퀴 달린 스케이트 하나씩 사주었어요.
처음 약속은
하나 갖고 둘이 나눠 타기로 하고
사러 갔어요.

단풍 든 가을 산처럼
색색가지 쌓여 있는 스케이트 보자
둘째 미혜가
두 개 사주면 안 되냐고 졸라 댔어요.
잠시 생각 끝에
하나 갖고 번갈아 둘이 타는 것이
재미없겠다는 생각이 들어
결국은 두 개 사고 말았어요.

집에 돌아와
스케이트 신고 마냥 좋아하는
미선, 미혜, 막내 미래 보며
이것이 어머니 마음임을 다시 알았어요.

어머니,
이담에 나도 어머니처럼 병들어 눕게 된다면
그때도 여전히 지금처럼 이런 마음일는지
잘 모르겠어요.
병들어 힘없이 누워 계셔도
여전하신 어머니 마음일는지
잘 모르겠어요.

엄마,
힘내세요.

어머님 병상소고 3

어머니,
기름보일러가 없던 시절
연탄불에 밥도 하고
물도 데워 씻곤 했지요.
특히 겨울날엔 마당에서 씻는 일이
죽기보다 싫었지요.

덜덜 떨며
세숫대야 더운 물 받아
간신히 고양이 세수하고 방에 들어오면
천국이 따로 없었지요.
그때 어머닌
내 새끼 추울까 봐
뜨끈한 아랫목에
이불 덮어 따스하게 만든 속옷
갈아입혀 주셨지요.

당신은 추우셔도 자식새끼 추울까 봐
속옷에 담은 따스한 사랑
어머니 마음이셨지요.
그래서 첫 사례 받아
아버지, 어머니 내복 산 날
내복보다 제 마음이
더 따스했는지도 모르겠어요.

어머니,
말없는 속옷 사랑
오늘 다시 입어 보고 싶어요.
그 사랑으로 살고 싶어요.

엄마,
한 번 일어나 봐요.

어머니,
어머닌 제게 밥 짓기 최고 선수셨어요.
제게는 어머니가 해주신 밥과 반찬이
세상에서 가장 맛있는 음식이었지요.

그래서 그런지
저는 남의 집 음식을 잘 못 먹었지요.
이상하게 비위에 잘 맞질 않았어요.
그리고 밖에서 밥 먹고 들어와도
집에서 밥 먹어야
밥 먹은 것 같았지요.

결혼 후,
집사람이 정성껏
밥해 주고 반찬해 주었지요
그래도 말은 안 했지만
왠지 어설프고 빠진 것 같고
어머니 손맛이 생각났지요.

세월 지나
어머니 병드시고
예전의 손맛도 잃으셨지만
그래도 제겐 변함없이
어머니 손맛이 세상 최고였어요.

어머니,
이제는 어머니 만든 음식 먹을 수 없지만
그래도 마지막 한 번쯤은
어머니 그 솜씨 다시 한 번 맛보고 싶어요.

엄마,
내 말 들리세요?

어머님 병상소고 5

어머니,
지금까지 마흔 하고도 두 해 살아오며
어머니께 드린 선물
무엇이었는지 생각해 봤어요.

언제 무엇을 드렸는지
정확한 기억 되살릴 순 없지만
드리긴 드렸을 거예요.
그리고 어머니는
참으로 별것도 아닌 그것 놓고
매우 좋아하셨을 거예요.

어머니,
오늘 새삼
어머니께 선물 드리고 싶어요.
남이 만든 몇 푼짜리 물건 아닌
조금은 쑥스러워도
자식으로 드릴 수 있는
마음의 선물 드리고 싶어요.
어머니께 드리는
어머니가 받으실
마지막 선물일지 모를 내 마음의 선물
비어 있는 흰 여백에 담아
정성껏 드리고 싶어요.

엄마,
좋으세요?

어머니,
초등학교 다닐 때
가정 설문지 있었지요.
집에 무엇이 있는지 형제는 몇 명인지
부모님은 뭘 하시는 분인지
부모님의 학력은 어떻게 되시는지
그러면 그때마다 전 어머니께 묻곤 했지요.

"엄마, 엄마 학교 어디까지 나왔어?"
그러면 어머니는 대답하셨지요.
"소小학교밖에 못 나왔다."
그러면 전 생각했어요.
'우리 엄마 같은 사람이
소학교밖에 못 나왔을 리가 없다.'
그리곤 내 맘대로 어머니 학력란에
'중.졸.中.卒'이라고 자신 있게 쓰곤 했지요.

어머니,
어머니는 많이 배운 분이 아니세요.
어머니 말씀대로 소학교만 나오셨어요.
지금으로 하면 초등학교지요.
그러나 그것이 뭐 그리 대순가요?
어머닌 날 낳아 주신 분이신 걸요.
그리고 어머니야말로
진정으로 배운 사람이세요.

엄마,
감사해요.

어머니,
초등학교 I학년 땐가
정말 눈이 많이 내린 날이 있었지요.
확실히 그때는
지금보다 눈이 더 많이 내렸던 것 같아요

이제 갓 초등학교 들어간 제게
그 눈 헤치고 집으로 오는 것은
여간 힘든 일이 아니었지요.
머리에 빵모자 뒤집어쓰고
목도리 입까지 가리고 두르고
등에 덜렁거리는 책가방 메고
그 눈길을 걸어온다는 것이
키 작았던 제겐 쉬운 일이 아니었지요.
그러고 보면
전 이미 그때부터 추위에 약했었나 봐요.

겨우겨우 집에 도착했을 때
어머니 기다리셨다가 문을 열어 주셨지요.
그리곤 머리와 어깨 위의 하얗게 쌓인 눈을
급히 털어 주셨지요.
그 순간
알 수 없는 마음의 설움이
제 안에 복받쳐 막 울었지요.
그리고 얼마를 울고 났을까
속이 풀리면서
비로소 송이송이 떨어지는
하얀 눈송이 보며 마음 푸근해지던
그날이 있었지요.

엄마,
기억나세요?

어머님 병상소고

8

엄마,
그때도 초등학교 때였던가요?
어머니 곁에서 잠이 들었었지요.
지금 기억에
어머니는 제 손톱을 깎아 주고 계셨어요.

그런데 꿈에 어머니가 돌아가신 거예요.
그러다 잠을 깼지요.
어머니가 살아 계신 거예요.
살아 계신 어머니 보며
너무 기뻐 막 울었지요.
어머니는 그런 제 모습 보시며
모든 것 아신다는 듯
인자하게 빙그레 웃으셨지요.

어머니,
잠깐이라도 다시 한 번
인자하게 빙그레 웃어 주세요.

엄마,
눈 한번 떠보세요.

어머니,
이제는 정말 가실 때가 되신 건가요?
나그네 인생길이
길어야 팔십이고, 보통은 칠십이라는
그분의 말씀처럼
이제는 정말 가실 때가 다 되신 건가요?

엄마,
정말 고마웠어요.
낳아 주시고 길러 주시고
황량한 벌판 같은 마음에
아름다운 흔적들 곱게 남겨 주시고
더불어 살 수 있는 형제들 낳아 주시고.

어머님 병상소고 9

어머니,
정말 고마웠어요.
그럼에도 이렇다 할 고마운 마음
제대로 한번 드리지 못하고 갚지 못한 것
용서하세요.

엄마,
이 땅에서 가시는 마지막 길에
향기 나는 국화꽃잎 몇 장
길 위에 뿌려 드릴 뿐이지만
그 꽃잎 밟고
피곤하고 고생스러웠던
짧고도 멀었던 이 길 지나
평화로운 그곳에 이르시기를
기도하고 또 기도드려요.

엄마,
고마워요.

아
버
지

아버지는 언제나
그대로 계실 줄 알았습니다.
우뚝 선 저 산처럼
그냥 그대로
그 자리에 계실 줄 알았습니다.
그런데 가셨습니다.
불어난 물살에 덧없이 집 무너지듯
그렇게 떠나셨습니다.
그리고
아버지 가신 자리
이렇게 클 줄
미처 몰랐습니다.

아버지는
벽이셨습니다.
세련되고 화려한 벽은 아니었지만
그냥 있는 것으로
든든하고 힘이 되는
내 인생의 의지였습니다.
어머니 먼저 떠나신 후
짧지 않은 세월
힘없이 홀로 빈 방을 지키셨지만
당신의 외로움 모르는 저에게
아버진 그곳에서
제 마음의 고향이었습니다.
그리고 마침내는 당신 또한
그 길을 가셨습니다.

후회는 언제나 뒤늦은 법
교훈 되어 앞길을 가르쳐도
죄송함과 고마움은
내 안에 무게로 살아 있습니다.

보고 싶은 아버지
이제는 더 이상 볼 수 없는
생각나는 그리운 아버지
빛바랜 사진 속의
당신 얼굴 대하며
묻고 답하고 생각하지만
생전에 취중에도
형제간에 우애 있게 살라시던
당신의 유훈 되새기며
남아 있는 형제들과 더불어 살겠습니다.

인생

아홉 가운데 셋이 남았습니다.

옛날의
아름다운 추억들이
그립습니다.

때가 되면
나도
그 여섯과
함께할 것입니다.

졸업앨범

식사 후
아내와 졸업앨범 보았습니다.
지금은 이름도 희미한
사진 속의 얼굴들 보며
문득 말했습니다.
"이중에 죽은 놈들도 있겠지?"
그러자 아내가 웃으며
꾸중하듯 말했습니다.
"무슨 말을 그렇게 하나?"

때때로 사람들
"무슨 말 그리 하냐?"
꼬집듯 반문하지만
그것이 사실이라
침묵합니다.

사람들 때때로
"무슨 말 그리 하냐?"
화난 듯 기분 나빠 추궁하지만
죽음은 피할 수 없는 사실
불확실성의 확실성
듣고도 가만히 침묵합니다.

말하지 않을 수 없는 죽음
전하지 않을 수 없는 생명
복음 받은 우리는
'확실한 축복'입니다.

동기회보

오랜만에 동기회보 받았습니다.
가나다순 죽 늘어선
동기들 이름 보며
전해 오는 마음이 다른 것을 느낍니다.

보고 싶은 이름
넘어가는 이름
한날한시
한 선생님께 배운 동기인데도
그렇게 마음 다름 보며
왠지 미안해집니다.

어쩌면 나 역시도
보고 싶은 이름
넘어가는 이름에
끼었을 것 생각하니
웃음 납니다.

때가 되면 이 땅에서
우리 이름 지워지겠지만
결코 지워지지 않는 이름
예수 그리스도!
그 이름 잊지 않고
살겠습니다.

결코 지울 수 없는 이름
예수 그리스도!
생명의 이름 속에
살아 있는 자기 이름 보며
사는 자 되겠습니다.

바
람
부
는
날

'몇 세를 일기로 생을 마감할까?'
I905~I974, I930~2000, I927~2007
돌아보는 시간은 짧습니다.

한참을 산 것 같은데
그렇지가 않습니다.
'한 번의 기약' 속에
한 번 사는 일생입니다.

그 일생을
누구는 그렇게 살고
누구는 저렇게 살고
누구는 이렇게 삽니다.
그렇게 저렇게
이렇게 살다
때가 되면 떠납니다.

바람 불어
강물처럼 구름이 가고
떨어진 낙엽이 바닥을 씁니다.
가고 오고 오고 가는
바람보다 빠른 인생
말씀을 생각합니다.

6
월이 지나가고 있다

6월이 지나가고 있습니다.
걸려 있는 달력
또 한 장 뜯어 낼 때마다
다시금 세월의 빠름을 느낍니다.

빠른 세월만큼
그분의 현실은
또 얼마나 느끼며 살았는지
되물어 봅니다.

오늘과 내일은
내 것 아닌
모두 다 그분의 것
지나간 시간들의
힘들었던 부딪침
즐거웠던 만남들
거울 보듯 정직하게
정리해 봅니다.

지금
세월의 절반
붙잡을 수 없는 인생의 반을
뒤에서 보내고 있습니다.

집

집에 오니
길에서 받은 스트레스
눈 녹듯 사라진다.
쉼을 느낀다.
편안하다.
그 집에서 영원히
쉬고 싶다.

열린
옷장

열린 옷장 속으로
가지런히 걸려 있는 옷들 보며
문득
'때가 되면 모두 놔두고 떠나야겠지'
생각이 스쳐갑니다.

여름 옷, 겨울 옷
봄 옷, 가을 옷
철따라 즐비하게 걸려 있는 옷들 보며
앞으로 몇 번을 입을까 생각하니
마음 숙연해집니다.

춘하추동
앞으로 몇 번을 더
갈아입을지 모르지만
마지막 입게 될 옷도
잘 준비하고 살도록
가만히 기도해 봅니다.

지금은
저렇듯 많은 옷들 걸려 있지만
그날에 입을 옷 없어
부끄럼 당하지 않도록
소리 없이 남 몰래
기도해 봅니다.

그
릇

믿음살기,
가만히 자신에게 물어본다.
아는 척 실은 모르는
열매 없는 대답으로
자기 혼자 즐겁게 살아간다.

세상이 좋은 그리스도인
습관을 좇아 고개 숙여
또다시 용서를 빌고 있다.
더 이상의 감동은 없다.
반복되는 무색한 신앙
고개를 들고 볼 낯이 없다.
죽음 앞에서도 과연 그럴까?
스스로 물어본다.

바람 같은 세상
그분이 나를 취해
내가 세상 버릴 때
죽음 너머 두 눈으로
빛을 볼 수 있도록
'예수!'
내 안에 담는다.

후회 없이
그분 앞에 서도록
내 몸에
말씀을 담는다.

나
눔

다 주고 싶다
있는 것으로
없는 것 만들어 줄 수 없지만
있으면서 안 주는 것
죄를 쌓는다.

더 갖고 싶은 마음
더 가지려는 세월
전부를 잃는다.

다 주고 싶다
내게 있는 것으로
한 명이든 두 명이든
열 명이든 백 명이든
주고받고 받고 주고
마주 보고 웃을 수 있는
너에게 그에게
내게 있는 그것으로
다 주고 싶다
내게 남은 시간 동안.

사
랑

바람이 길을 막아 갈 수 없어도
마음은 언제나 타는 목마름

한 점
꽃으로 피어나는 아픔의 세월을
눈물로 새기는
날(日)은 분홍 수채화

붉어진 연지
고개 숙여 감추고
흐트러진 옷고름
말없이 다시 여며도
걸음은 어느새 새어 나와
너로 향한다.

복
된
사
람

말은 자국을 남긴다.
좋은 자국 나쁜 자국
오래 짧게
밝게 어둡게
세우고 허문다.

말이 아름다운 사람
영혼이 아름다운 사람
말이 아름다운 사람
인생이 아름다운 사람
나무에 새들 깃들듯
지친 마음 머물고 싶은
좋은 사람 편안한 사람.

말이 세상을 몰아간다.
빛으로 어둠으로
사랑으로 미움으로
생명으로 죽음으로.

말이 아름다운 사람
그리운 사람
말이 아름다운 사람
외로움 만져 주는 따뜻한 사람
말이 아름다운 사람
아픈 마음 덜어 주는 축복된 사람
친구로 남아 주는 고마운 사람.

인
생
의

진
리

저 앞에 보이는 모퉁이만 돌면
찾고 찾던 인생의 진리
그곳에 있을 줄 알았습니다.

저 앞에 보이는 언덕만 넘으면
이르러야 한다는 삶의 진리
거기에 있을 줄 알았습니다.

그러나 그곳엔 아무것도 없었습니다.

알고 싶고 살고 싶은
영혼의 진리
저 너머 저 앞에 없습니다.
두 발 딛고 서 있는 지금 이 시간
내가 죽고 그가 살고
내가 죽고 사랑이 살 때
그곳에
후회 없는 인생의 진리 있습니다.
내가 나로 사는 축복 있습니다.

겨울새가 나무 그네를 타고 있다

가을 잎 떨어진
메마른 가지 위로
이름 모를 두 마리 새
조각처럼 앉았습니다.

시간이 정지된듯
세상을 멈춘듯
바람에
앙상한 나뭇가지 몸을 떨어도
새들은 미동 없이
나무 그네를 탑니다.

저 여유 저 안정감
어디서 온 것일까?
누구에게 배운 것일까?
금시라도 부러질 듯
가지 위서 바람을 타는
얄미운 새들에게
남몰래 물어봅니다.

그 뒤로 떠가는
하얀 구름 파란 하늘이
떨어진 옷 입은
내 마음에 말을 합니다.
"너희는 새보다 얼마나 더 귀하냐!"

외
로
움

때로는
사람들 속에 들어가
앉아 있고 싶을 때가 있습니다.
아는 얼굴 하나 없는
지나가는 사람들 보며
누군가와 함께하고 있음을
몸으로 느껴 보고 싶습니다.
그렇게 그대로
생각 없이 그곳에
머물고 싶을 때가 있습니다.

때로는
사람들 떠나
조용히
혼자 있고 싶을 때가 있습니다.
고요가 소리 되어
말을 하는 그 자리에
잊혀진 사람처럼
그냥 그렇게
혼자 있고 싶을 때가 있습니다.

외로움이
마음 문 밖에서 노크를 합니다.
지나가는 얼굴들이
나를 만집니다.
비는 여전히
어둔 밤을 내리고 있습니다.

큰
바
다
먼
바
다

큰 바다 너머 이사하신
한 성도님이 전화를 하셨습니다.
울먹이는 목소리로
그리움을 나눴습니다.
큰 바다 너머
마음 푸근해진 만남이었습니다.

먼 바다 너머 이사하신
한 성도님이 생각납니다.
어떻게 지내시는지 궁금할 뿐입니다.
먼 바다만큼이나
멀리 있음 느껴집니다.

살면서
가로막는 큰 바다 먼 바다
마음으로 뛰어 건너
변함없이 만나고 나눌 수 있다면
그것이 우리에게 주신
하늘의 선물
인생의 위로
사람 사는 재미입니다.

하루 여행

잠시 자리를 떠납니다.
모든 상념 모든 사람
다 내려놓고
하루 여행 떠납니다.

정해진 목적지도 없이
길 나서며 생각합니다.
나무들 기다리고 새들 노래하고
바람이 춤을 추는
조용한 그곳으로
하루를 떠납니다.

인생 속의 하루
하루 속의 인생
말없이 살피고 돌아옵니다.

채워진 영혼
다시 준비하는 마음
한 주간의 남은 생을 살게 합니다.

쫓기는 인생
두고 갈 인생
어리석은 인생

제대로 된 인생을 살게 하는
하루 여행 떠납니다.

지은이의 말

시인도 아니면서 시처럼 썼습니다. 한때
문학청년을 꿈꾼 적이 있습니다. 글을 쓰며
산다는 것이 낭만적으로 보였고 '한 번 사는
인생, 돈이나 벌고 쓰며 사는 건 아니지 않나?'
하는, 조금은(?) 덜 때 묻은 인생에 대한
막연한 그림이 있었기 때문입니다. 그렇다고
그것이 당시 글을 쓴 계기나 이유는 아니었고,
말 그대로 청소년기의 한 증상이 아니었나
생각합니다. 그것은 지금도 마찬가지일지
모릅니다. 여전히 시가 무엇인지 잘 모르고
스스로 만족스럽지 않습니다. 그래도 마음을
시로 표현하는 것이 좋습니다. 갈수록 우리
삶에 시가 필요하다 싶기 때문이기도 합니다.

지금까지 공개적인 지면에 몇 번 글을 써본 적이
있습니다. 물론 사회적으로 잘 알려진 지면이
아니라, 거의 교회 회지나 주보입니다. 그런데
중요한 것은 제 글에 대상이 있었다는 것입니다.

그리고 그 대상이 제 글에 생명력을 부여하고,
대상 또한 제 글에서 생명력을 경험한다는
발견이었습니다. 그러하기에 감히 시를 쓴
것은 글쓰기를 통한 즐거움을 넘어, 제 글을
읽어 주는, 제가 사랑해야 하는 대상이 있기
때문이라고 부끄럽게 말해 보는 것입니다.

실은 시보다 더 중요한 삶을 써야 하는데,
삶으로 얼마나 시를 썼는지는 고개를 들 수가
없습니다. 그럼에도 이렇게 시라고 썼습니다.
입에 익은 말 아닌 마음의 언어를 찾아 영혼의
기록으로 남겼습니다. 시라 하기에는 많이
부족한 삶의 흔적 위에 당신의 기름 부어, 마른
나무 같은 언어가 생명의 언어로 다시 나는
하늘의 시 되기를 기도합니다.

마음을 담고 영혼을 만지고 싶어 겁 없이 든 손
'안 된다' 하지 않으시고 '시집'이라는 이름으로
허락하시는 주님께 두 손 모아 감사를 올립니다.

2015년 1월

이동규

우리들의 시편 3

6월이 지나가고 있다

As June Passes by
Psalms We Write 3

2015. 3. 3. 초판 1쇄 인쇄
2015. 3. 10. 초판 1쇄 발행

지은이 이동규
펴낸이 정애주
국효숙 김기민 김의연 김준표 박상신 박세정
박혜민 송승호 염보미 오민택 오형탁 윤진숙
임승철 정한나 조주영 차길환 한미영

펴낸곳 주식회사 홍성사
등록번호 제1-449호 1977. 8. 1.
주소 (121-885) 서울시 마포구 양화진4길 3
전화 02) 333-5161
팩스 02) 333-5165
홈페이지 www.hsbooks.com
이메일 hsbooks@hsbooks.com
트위터 twitter.com/hongsungsa
페이스북 facebook.com/hongsungsa
양화진책방 02) 333-5163

ⓒ 이동규, 2015

ISBN 978-89-365-1082-4 (04230)
ISBN 978-89-365-0540-0 (세트)